AF562387

France

PROSE ET VERS

Publié dans l'intérêt des blessés, veuves et orphelins, etc., de l'Armée d'Italie.

Prix : de 20 centimes à 1 fr., au gré de chacun

à verser chez M. le Maire de chaque commune ou aux mains du porteur désigné par lui.

CAMBRAI

Imp. de SIMON, rue Saint-Martin, 18.

1859

TABLE

SIMPLES CONSIDÉRATIONS

SUR LES

Souscriptions ouvertes en faveur des Blessés, Veuves, Orphelins, etc.,

DE L'ARMÉE D'ITALIE

Comme l'a si spontanément, si unanimement compris la France entière, l'un des premiers bienfaits, le premier bonheur de la paix, c'est d'atténuer les malheurs inévitables de la guerre.

Tous, nous avons suivi les phases rapides de celle qui s'est poursuivie et qui vient de se terminer d'une façon toute providentielle, — écartant des complications douloureuses et redoutables,—avec une émotion bien permise à qui n'en court pas les périls, avec admiration et gratitude envers ceux qui les bravaient tous par une constance héroïque.

On pleure ceux qui ont succombé dans cette tâche de glorieux dévouement. Chaçun veut consoler les familles frappées dans leurs affections les plus chères et leur témoigner efficacement les sympathies les plus expansives : Aucune veuve, aucun orphelin, aucun ascendant, que la guerre a privés d'un soutien, ne demeurera sans secours. Nos blessés, si nombreux, verront tous leurs infirmités allégées par l'abondance de dons qui les honorent en même temps que le donateur. Ce n'est même pas, en effet, l'offrande au casque de Bélisaire, aveugle après ses victoires ; c'est un devoir rempli, un remercîment cordial, un hommage au courage et au malheur.

Que si de telles souscriptions sont peut-être chose nouvelle dans l'histoire, c'est qu'elles attestent dans les mœurs, si différentes de celles du monde païen, un perfectionnement progressif analogue à celui que notre époque consacre de plus en plus dans la politique. L'empire, c'est une paix fière et généreuse, qui, la gauche appuyée au drapeau, la droite tendue vers l'immense carrière des prospérités fécondes, ouvre son cœur maternel où s'apaiseront toutes les récentes douleurs.

Certes, le sentiment public se produit avec une telle force qu'aucun stimulant n'est nécessaire. La patrie ne rougira d'aucun abandon, d'aucune injuste misère.

Néanmoins, la presse et les arts, fidèles à leur noble mission de propager le beau et le bien, ont rivalisé de zèle pour concourir à l'accroissement du produit des souscriptions publiques. Elles sont toujours ouvertes ; chacun peut les grossir à plusieurs fois et de diverses manières. C'est qu'en effet, en partageant par la pensée leur total probable, si proportionnelle qu'en soit la répartition future, et nonobstant le concours normal du Trésor public selon la loi militaire, on ne peut, à raison du grand nombre des destinataires, supputer qu'une quotité bien faible pour chacun, si tout ne concourait à féconder une œuvre si louable. Nous ne donnons que dans un assez court espace de temps, tandis que beaucoup de souffrances seront durables et beaucoup d'infirmités viagères.

Les vers ont souvent, par leur concision et par le rythme, le singulier bonheur de bien résumer le sentiment public, lorsque de mémorables évènements ont fait vibrer tous les cœurs. Sans aucun doute, en ce moment, toute personne dotée de quelque instruction et de loisir produirait des vers analogues à ceux ci-après, le plus souvent meilleurs que ceux offerts ici en hommage aux vaillants champions de l'honneur national. Qui ne ressent, en effet, au même degré, tout ce que la situation a de grandeur actuelle et d'avenir ?

Puisque, des premiers, j'eus ce loisir, et qu'en pareil cas tout est dans l'opportunité, je considère comme un devoir de livrer mes quelques vers à la publicité, avec l'espoir fondé de grossir ainsi tant soit peu, par un nouvel appel à des sympathies si manifestes, mon faible concours à l'œuvre toute fraternelle et patriotique du soulagement des victimes de la guerre.

Dans le désir de rendre plus dignes du public ces quelques pages de circonstance, je n'ai pas craint de joindre aux vers le commentaire ci-dessus, heureux s'il est trouvé de quelque intérêt. Dans le même but, la petite brochure comprendra encore une appréciation en prose de la grande position faite à la France par la paix de Villafranca.

Les souscriptions anonymes ne sont pas les moins louables. Mon nom n'ajouterait rien sans doute à l'effet de cet humble publication, si tant est quelle en puisse avoir. Que l'on veuille donc bien m'excuser de ne pas le donner, et correspondre d'autant mieux aux fins de cette actualité que le mobile en restera ainsi plus désintéressé, conséquemment, plus digne de l'appel fait à toutes les âmes qui tiennent à honneur d'être toujours sensibles aux grandes choses.

18 *juillet* 1859.

LE PROGRAMME DE BORDEAUX

ET

LA PAIX DE VILLA-FRANCA

NAPOLÉON III

Libérateur, Victorieux et Pacificateur.

Une page immortelle, une des plus grandes pages de notre histoire vient d'être gravée au livre de la postérité.

Elle résume admirablement, et la France moderne, et le grand caractère auquel elle a confié ses destinées.

Par son admirable esprit national, dont l'expansion est toujours à la hauteur des circonstances, par l'union parfaite que manifeste en elle toute solennelle occasion, par le concours qu'elle prodigue à qui sait deviner et diriger ses instincts élevés, la noble France s'est encore montrée dans toute sa vitale énergie, dans sa générosité traditionnelle et dans sa grandeur.

Après s'être trouvé si digne de commander les armées

les plus vaillantes, en signant la paix de Villa-Franca, préparée par son génie militaire et politique, l'Elu du peuple Français et de la Providence y a laissé le cachet de son règne.

Une revue rapide des huit dernières années en fournira la plus éclatante démonstration :

Lorsqu'à Bordeaux, le prince Louis-Napoléon, répondant à l'élan national qui réclamait un grand règne, donnait à la France le programme de gouvernement le plus magnifique et le plus sincère, à l'Europe attentive l'assurance la plus pacifique, il savait que, chef d'une nation généreuse, puissante et guerrière, il ne pouvait, par là, promettre que de répudier toute agression, de ne défendre par l'épée que les plus justes causes.

Napoléon III nous a donné l'ordre et la paix intérieure, assis aujourd'hui sur des bases inébranlables. Les grands principes sociaux, restaurés au-delà de toute espérance, — les prospérités publiques douées d'un essor incomparable, — la bienfaisance propagée partout et sous toutes les formes, pour l'avenir comme pour le présent, avec le concours d'un grand cœur associé à la majesté du trône, — tout a justifié la noble et profonde conception dont le programme de Bordeaux ne fut que le simple exposé.

La paix fut gardée tant qu'elle a pu l'être. Rien aujourd'hui ne pourrait réellement la troubler.

Parvenu à un rare degré de puissance, dû surtout à la sage énergie du Souverain, fière de l'indomptable courage de ses soldats, — fortifiée par les alliances dues à la polique la plus ferme et la plus loyale, aussi bien que par les immenses ressources de toute nature développées en elle, — la France est désormais inattaquable, en même temps que les plus grands exemples prouvent la foi dûe à sa parole.

Quand la guerre est devenue inévitable, Napoléon III

l'a résolument dirigée : — l'équilibre européen est menacé en Orient. Sous les inspirations du Souverain, nos armées le rétablissent promptement, renversant les plus formidables obstacles, s'arrêtant dès qu'elles n'ont plus devant elles que des victoires inutiles. — Un peuple ami, allié, est envahi, malgré tout. L'Empereur, à la tête de ses valeureux soldats, prend sa défense, couvre notre frontière, donne à la cause italienne l'appui d'un grand nom.

Le Piémont délivré, le même jour, soldat, général et vainqueur, à Magenta, Napoléon change les destins de la Lombardie. — Une seconde et mémorable victoire proclame l'irrésistible force de son épée. — Quand l'Europe, inquiète, incertaine, n'attend peut-être que de nouveaux triomphes pour déchaîner les fureurs d'une guerre universelle et annuler les rapides conquêtes acquises à l'indépendance, quand la révolution va peut-être souffler la discorde, amener l'anarchie et la licence à la place de la liberté reconquise, — fils respectueux de la Providence, — rappelant Léoben, — ce grand prince sait mesurer sa part de gloire militaire et s'élever encore par cet effort même en faisant prévaloir l'humanité.

D'un mot, Napoléon III règle le présent et l'avenir, obtenant plus peut-être qu'aucun congrès eût jamais accordé à ses alliés.

L'Italie fédérée s'appartenant désormais, pouvant se suffire à elle-même, — la France, qui eût suivi partout son noble Souverain, reconnaissante de la sollicitude dont il vient de lui donner la preuve la plus magnanime, fière de sa gloire nouvelle, heureuse du retour du Chef de l'Etat précédant ses phalanges héroïques, — les dissidents apaisant déjà leurs rancunes, — la civilisation reprenant tous ses droits et ouvrant une ère féconde, — telle est la paix de Villa-Franca, dont la grandeur sera de mieux en mieux comprise. On verra en elle la plus grande œuvre civilisatrice, la pacification des temps modernes.

La main auguste et glorieuse qui, tout en fondant de si grandes choses, a réconcilié deux empires, est tendue vers son peuple. Elle le convie de nouveau à seconder les nobles desseins qui ont inauguré l'avènement de Napoléon III. Conservons avant tout et bien précieusement l'union si nécessaire à toutes les phases de la vie d'une grande nation. Montrons-lui que, pour féconder la paix, comme pour subir les épreuves de la guerre, nous sommes toujours ses soldats.

19 *Juillet* 1859.

FRANCE ET GLOIRE MILITAIRE

(REVUE HISTORIQUE)

Soldats Français ! amis de la victoire ;
Tout vrai guerrier de vous TOUS est jaloux.
Soldats Français, partout couverts de gloire !
SOLDATS FRANÇAIS ! nous sommes fiers de vous !!!

—

Roi chevelu, toi, l'aïeul de Bathilde,
Tu vois céder tes farouches guerriers.
Tu voues ton cœur au grand Dieu de Clotilde,
Et Tolbiac a doublé tes lauriers.

—

Le Sarrazin, tout enivré de guerre,
Portait partout le croissant si vanté.
Ses rangs pressés faisaient trembler la terre ;
Devant Martel, il fuit épouvanté.

—

On les voyait, au temps de Charlemagne,
Du roi Lombard abaisser la fierté ;
Puis, s'élancer aux confins de l'Espagne ;
Vaincre trois fois le Saxon indompté.

—

Nos chevaliers, preux comme leur bannière,
En tous pays illustrant leurs couleurs,
Entraient toujours dans la noble carrière,
Pour en sortir blessés, morts ou vainqueurs.

Regardez-les aux bords de Palestine,
Agenouillés au tombeau du Sauveur,
Bravant le fer, la peste et la famine,
Et toujours grands, sans reproche et sans peur.

—

Byzance est là, défiant leur courage ;
Le Grec perfide insulte à leur fierté :
Le guerrier Franc, soudain comme l'orage,
Est aux remparts, domine la cité.

—

Puis, quand l'Anglais, maître de notre France,
Dictait ses lois jusqu'au sein de Paris :
Une bergère anime leur vaillance,
Le léopard a fui devant les lys.

—

Voici le Rhin : Louis, grande figure,
De vos lauriers, est là, tout couronné.
Vient le revers : on couche sur la dure,
Et, par Villars, Denain nous est donné.

—

C'est Fontenoy, la ligue redoutable
De quatre Etats conjurés contre nous ;
Calmes et fiers dans la lutte implacable,
Nos fusiliers cèdent les premiers coups.

—

Soldats Français, etc.

Voici venir notre grand capitaine :
Toulon sauvé, le Caire est sous ses lois ;
Les champs Lombards délivrés de leur chaîne ;
Vienne et Berlin proclament ses exploits.

Mais la fortune a ses jours d'inconstance :
L'Europe fond sur nous de toutes parts ;
Le sol Français est leur champ de vaillance (1);
Waterloo même orne leurs étendards.

Soldats Français, etc.

—

N'oublions pas l'Inde et sa grande guerre,
Nos fiers vaisseaux, l'intrépide marin,
Jean Bart, Suffren, sans rivaux sur la terre,
Tant de hauts faits, Grenade et Navarin.

—

Je vois Alger, terre de l'esclavage,
Plus de mille ans résister aux puissants.
En quelques jours il cède à leur courage,
Nid de vautours et terreur des marchands.

—

En vingt-cinq ans, la guerre et les conquêtes
Ont subjugué le barbare Africain :
Vous le charmez : il prend part à vos fêtes ;
Le rail de fer lance son premier train.

—

Je vous revois aux monts de la Crimée,
Plus aguerris et plus rudes soldats;
Mille canons vous couvrent de fumée ;
L'Alma, Traktir, sont vos moindres combats.

---

(1) Tel j'en vois un, dont le front intrépide
Et balafré, dit : Leipzick, Saint-Dizier,
On l'a vu, seul, dans maint élan rapide,
Percer les rangs du col de son coursier.
Pardonnez-moi, guerriers, ce portrait de famille,
Parmi de grands tableaux, ce simple médaillon.
Je lui dois tout, je l'aime, et l'éclat dont il brille
Fut acquis parmi vous, s'ajoute à votre nom.

Aux champs Lombards, quelle terrible guerre
A déchaîné ses nouvelles fureurs !
Vous triomphez, prompts comme le tonnerre,
Et le Germain reconnait ses vainqueurs.

—

A vos vertus, s'ajoute une couronne ;
Une vertu, car c'est la charité ;
Et, le blessé que le combat vous donne,
Croit près de vous trouver la liberté.

—

Soldats Français ! amis de la victoire ;
Tout vrai guerrier de vous TOUS est jaloux.
Soldats Français, partout couverts de gloire !
SOLDATS FRANÇAIS ! nous sommes fiers de vous.

HOMMAGE A QUI DE DROIT.

Salut, noble Empereur, premier soldat de France ;
La race se révèle en Toi par la vaillance.
Si grand à MAGENTA, grand à SOLFÉRINO !
Savant, sage, guerrier, pieux et magnanime,
A travers cette ardeur, que la prudence anime,
Je lis dans ton regard : la paix à Legnano.

—

Voulant la paix, sachant braver la guerre,
Quel beau triomphe, après un tel combat !
Il donnera le repos à la terre,
Et des grands jours il égale l'éclat.

—

Soldats Français ! amis de la victoire,
Tout vrai guerrier de vous TOUS est jaloux.
Soldats Français, partout couverts de gloire ;
SOLDATS FRANÇAIS ! nous sommes fiers de vous.

AIDE AUX BLESSÉS

Dans le sentier poudreux, qui ? là-bas, s'achemine ?
C'est un de nos blessés... courons... il est bien las !
Son pas se raffermit, voyez... il vous devine...
Son cœur sent votre cœur... le voici dans vos bras.

—

Amis, pour nos foyers, nous avons de la gloire ;
Pensons, pensons à ceux que le fer a brisés,
A ces fiers artisans d'une grande victoire ;
Donnons avec bonheur pour nos soldats blessés.

—

Hier, ne fîtes-vous pas un accueil magnanime
A ceux que nos soldats ont tantôt combattus ?
C'était beau ; c'était bien. Le feu qui vous anime
C'est bien la CHARITÉ, la reine des vertus !

—

Mais, pour nos preux soldats, que la reconnaissance
Décuple encore en vous la sainte charité.
Par eux, notre pays voit croître sa puissance ;
Ils furent valeureux: ils ont bien mérité !
Amis, pour nos foyers, etc.

—

Voyez leurs étendards : DEVOIR ! HONNEUR ! PATRIE !!!
D'un plus superbe éclat, jamais ils n'ont brillé.
Les voici mutilés, ou la face meurtrie,
Consolons les douleurs du pauvre mitraillé.

—

Amis, pour nos foyers, nous avons de la gloire,
Pensons, pensons à ceux que le fer a brisés,
A ces fiers artisans d'une grande victoire,
Ah ! donnons de grand cœur pour nos soldats blessés !

18 *juillet* 1859.

www.ingramcontent.com/pod-product-compliance
Lightning Source LLC
LaVergne TN
LVHW010221230826
846091LV00008BB/3612
9782016123652